中华先贤人物故事汇

老子

谭伟雄

著

中华书局

图书在版编目(CIP)数据

老子/谭伟雄著. —北京:中华书局,2019.6
(中华先贤人物故事汇)
ISBN 978-7-101-13751-4

Ⅰ.老… Ⅱ.谭… Ⅲ.老子-生平事迹 Ⅳ.B223.1

中国版本图书馆 CIP 数据核字(2019)第 020506 号

书　　名	老　子	
著　　者	谭伟雄	
丛 书 名	中华先贤人物故事汇	
责任编辑	王鹏飞　董邦冠	
出版发行	中华书局	
	(北京市丰台区太平桥西里 38 号　100073)	
	http://www.zhbc.com.cn	
	E-mail:zhbc@zhbc.com.cn	
印　　刷	北京瑞古冠中印刷厂	
版　　次	2019 年 6 月北京第 1 版	
	2019 年 6 月北京第 1 次印刷	
规　　格	开本/787×1092 毫米　1/32	
	印张 3¼　插页 2　字数 46 千字	
印　　数	1-10000 册	
国际书号	ISBN 978-7-101-13751-4	
定　　价	18.00 元	

出版说明

孔子周游列国，创立儒家学说；张骞出使西域，开辟丝绸之路；书圣王羲之，留下了曲水流觞的佳话；诗仙李白，写下了"举头望明月，低头思故乡"的名篇；王安石为纠正时弊，推行变法；李时珍广集博采，躬亲实践，编撰医药学名著《本草纲目》……

这些杰出的历史人物，有的是在中华民族文明进程中做出过突出贡献、对后世产生过巨大影响的思想家、政治家，有的是对中华优秀传统文化的传承传播发挥过重大作用的文学家、艺术家、科学家，有的是为国家安定统一、民族融合团结和中外文化交流做出过杰出贡献的军事家、外交家……他们为中华民族的繁荣发展做出了伟大的贡献，他们的行为事迹、风范品格为当世楷模，并垂范后世。

他们是中华民族的先贤人物。他们的思想、品德、事迹，是中华优秀传统文化的结晶。他们的故事，是对中华民族的禀赋、特点和气质最生动、最鲜活的阐释。他们的名字，在五千年中华文明史上最为光彩夺目。他们为五千年中华文明史书写了最为光辉灿烂的篇章。

为了解先贤，走近先贤，我们精心组织编写了这套《中华先贤人物故事汇》丛书。以详实可靠的史料为依据，以细腻动人的故事为载体，真实地呈现中华先贤人物的事迹、品格和精神风貌，彰显他们的贡献和功绩，以激发人们对国家民族的热爱，对中华文明、中华优秀传统文化的崇敬。

开卷有益，期待这套丛书成为你的良师益友。

目 录

导 读

老子出生于春秋末期，他姓李，名耳，字聃（dān），号伯阳，也常被称作老聃。有人说他是楚国人，也有人说他是陈国人。他的出生地为陈国苦县（今河南鹿邑）厉乡的曲仁里，老子出生的时候，陈国已为楚国的附庸，因此，这两种说法都没错。

老子天赋异禀，勤思善悟。他师从隐世高人商容，从商容的"齿舌之问"中悟得"贵柔守弱"之道。老子入周都为守藏室史后，潜心于浩瀚的典籍之中，从前人的智慧中汲取了丰厚的养分，以不断完善自己的大道学说。周王朝礼崩乐坏之后，老子心灰意冷，游历诸国，传播其哲学思想。晚年隐居于沛地。至西出函谷关时，老子应弟子尹喜之求著书立说，留下五千言，被后世称之为《道德经》。

老子最为著名的弟子有尹喜、阳子居（即杨子）、文子、庚桑楚等人。史载老子与孔子曾有会面，但会面的时间、地点、内容和次数却众说纷纭。本书综合选取了三种记载来呈现故事：第一次是在鲁国，老子在鲁国巷党主持友人葬礼，孔子助葬；第二次是在周都洛邑，孔子向老子问礼；第三次会面时，孔子已五十一岁，这也是孔子与老子最重要的一次会面，这次会面对孔子后来的思想产生了重大的影响。

老子将自己的一生倾注在其思想学说上，他留下的《道德经》涵盖了哲学、伦理学、政治学、军事学等诸多学科，是老子唯一留存于世的经典著述。

《道德经》上篇言宇宙之本根，含天地造化之玄机，蕴阴阳变幻之微妙；下篇言为人处世之良方，含人事进退之要术，蕴长生久视之天道。《庄子》《列子》《文子》《淮南子》等后世经典均深受老子哲学思想的影响。这种影响随着时间的推移越来越广，也从中国走向了世界。

老子的思想博大精深，自成体系，包含朴素的辩证法思想。老子又被道教尊为"道教始祖"，位列"东方三大圣人"之首。老子和他的《道德经》已成为全人类共同的精神财富。

师从商容

太阳偏西，曲仁里（今属河南鹿邑）家家户户升起袅袅炊烟。烟溪的上游隐隐约约传来妇人们的捣衣声。堤岸上，不时有人从田地里收工回来，他们有的牵着耕牛，有的扛着农具，不紧不慢地走着。烟溪在落日余晖里缓缓流淌，那起伏的波纹总是泛着丝质的光泽。

曲仁里地处陈国苦邑厉乡，烟溪正好从这里流过。

大概在周灵王元年（前571）的一天，老子诞生在这里。取名李耳，字聃。李耳出生的时候，正值春秋末期，各诸侯国之间征战不断，各国为富国强兵，向社会广纳贤才，各种学术流派纷纷涌现。

在李耳出生之前，陈国已沦为楚国的附庸，这之后陈国相对远离战祸，李耳的童年和少年时光也得以在平安中度过。从小听着《击壤歌》和《南风歌》成长的李耳，表面看似有几分木讷，其实内心却有着远异于常人的求知欲。这一点，曲仁里的里正最为清楚。

有一回，曲仁里连日干旱，里正请来巫师向天祈雨。烟溪边插有各种样式的旗幡，几个戴着面具的乡民在堤岸上跳舞。巫师敲着一面兽皮鼓，一边敲一边口里念念有词。

祈雨结束，人们陆续散去，李耳指着自己的大耳朵问里正："上天是否有耳？"

里正觉得这个问题问得古怪，但又不知李耳到底想问什么。他仰头望了望天空，又想了想："上天无耳。"

李耳于是又问："上天既然无耳，又怎能听到巫师所求？"

里正吓了一跳："上天虽然无耳，但乡民们都相信巫师能通达上天。"

李耳又问："这样就真的能降雨吗？里正大

人，我是因为不相信才这样问的。"里正有点无奈："能否真的降雨，谁也不能保证，只有看天意了。""天意……"李耳话到嘴边又咽了回去。他本来想问里正，什么是天意。转念一想，只怕问了也是白问。

李耳转身指着烟溪问里正："这溪水为何日夜流淌不止？"

里正哑然一笑："水有源头，自然会流淌不止。"

李耳又问："是不是这世上的万事万物皆有源头，才生生不息？"

里正想了想，然后点了一下头。

"里正可知，这万物之源又在哪里？"李耳追问道。

里正想了半天，回答不上来。里正见李耳很是失望，就随口说了一句："你小小年纪就有这么多稀奇古怪的问题，为什么不请一个有学问的先生来教你？"

令里正没有想到的是，十余天后，李耳的父母果真给李耳请了一位先生。先生叫商容，此人已年过六旬，方脸，高鼻梁，胡须灰白，双目炯炯有神。他自称祖籍在齐国，家住宋国，曾在朝为官。因在朝中受到排挤，辞官后，四处游历。李耳的父母见此人学识广博，谈吐不凡，便请他教授李耳。为了让商容能够安下心来，李家还特意将自家位于烟溪边的一处旧舍修缮好，供商容居住。商容答应李家以三年为期，三年期满，他将自行离去。

有一天，当商容讲授中提到"天"时，李耳忍不住问道："先生，上天究竟为何物？"商容一怔，轻咳了一声，用手指了指头顶："上天，头顶之青青者也。"李耳又问："青青者又为何物？"商容似乎知道李耳必有此问，清了清嗓子答道："青青者，虚空是也。""先生，何为虚空？"李耳穷追不舍。"虚空之上，太虚也。太虚之上，更为虚空之虚空也。"商容的语速有点急促，脸一下憋得通红，像是要咳出来，但被强忍住了。过一会，才缓过气来。

"先生是不是病了？"李耳吓了一跳。"不妨事，老毛病了。"商容冲李耳摆了摆手。李耳见商容很快又恢复到了原样，这才稍稍放下心来。"先生没去过太虚，又怎么知晓这太虚之上仍然是虚空？"李耳心里明白，这天之高远非肉眼所能及，如若再问下去，只怕是没有穷尽。只是他对先生所言并不满意，先生用眼睛能看到的，他自然也能看到，为什么他天天所看到的只是日月星辰和那变幻莫测的云海，除此之外，一切皆混沌未知，先生又怎么能断定虚空之上就是太虚？这样一寻思，李耳不知不觉蹙紧了双眉。

商容拈了拈自己下巴处的几根胡须："虚空之虚，不可忖度，非神不能为也。"

李耳之所以想一问到底，完全是因为自己对"虚空"一说极为好奇，愈是不能理解的事物他愈是想探个究竟。

这天晚上，李耳辗转反侧，难以成眠。他一直思考商容先生白天所言。此时窗外透着一抹白光，李耳索性起身，一个人悄悄地走到前庭。夜空中有一轮朗月高悬，还伴有几点星光在天际忽明忽灭。李耳仰头望着那被月光洞穿的云层，心里充满着无限的遐想，那云层高远深邃，层层叠叠，何其神

此时窗外透着一抹白光，李耳索性起身，一个人悄悄地走到前庭。

秘。李耳看得入迷，也想得入神。夜寒露重，竟也浑然不觉。

"呱——"一只鸟的悲鸣划破夜空的静穆，一下子将李耳的思绪拉了回来。月辉映照的台阶上，仿佛有一团小小的暗影在李耳的眼前倏忽闪过。

李耳望着那鸣叫远逝的方向，心想自己要是也能像那只夜鸟一样长有翅膀就好了，他会一直向高处飞，飞往那虚空之外的太虚，就可以看清虚空中到底会有何物。

难道这世间的万物都如先生所说，皆为神所为？

李耳只知道敬神拜神是自古以来就有的习俗。他曾多次问过祭坛的主祭，得到的答案却是谁也不知道神到底长什么样，因为谁也没有亲眼看见过神。难道这世间的一切都被某种未知的力量所掌控？想到这里，李耳再也按捺不住自己。

借着月光，李耳向烟溪边先生的住处走去。

先生的窗前还亮着灯。那灯光从木窗透过来，因为有稍许晃动，像水面上映现出的波纹，层层**叠叠**。

商容没想到李耳这么晚了还没睡。商容知道，他的这个弟子肯定又有什么想不清的难题要来问他，他也做好了被难倒的准备。果然不出所料，李耳先是低头沉思了片刻，然后抬起头，像是鼓足了勇气，问道："先生，既然虚空之虚不可忖度，那我等凡夫俗子又当如何？"商容答道："循天道而行。天之道，和则贵，失和则乱。"

商容的话一下子把李耳的思绪暂时从天上拉到了地面。他曾多次听里正描述过多年前楚国入侵陈国的情形。陈国向来羸弱，楚国入侵后，陈国的土地上尸横遍野，血流成河。那段时间，陈国人经常深更半夜都会听到士卒过境和战马嘶鸣的声音，仿佛整个陈国都在颤抖。

李耳沉默了许久才问先生："天下失和，遭殃的则是百姓，君主为何不管？"

商容不由感叹道："百姓失和，君主尚可依法治理。若天下失和，关乎国与国之间的大事，责任在于君主，君主又如何治理？"李耳问："因君主的责任而造成天下失和，神为什么不管呢？李耳记得先生曾经说过，神有变化之能和造物之功，神为何不能造就英明而又听从指令的君主？"

在商容固有的认知里，神是存在的，神的存在就等同于上天，只是连他也不清楚神是如何存在的，这过于神秘。

"君主就如同在外作战的将军，将军在外军令有所不受。同样的道理，神派遣君主代天治理国家，君主也可有所不受。"

商容话音刚落，李耳马上意识到，先生所答正包含了他此次前来真正想问的问题。先生既然说神能派遣君主替上天治理国家，神肯定就是天地人的最高主宰，若是知道神为何物，想必那"虚空"为何物也就不难理解。

"先生，神究竟为何物，竟然可派遣君主治理国家？"李耳问。商容沉默了许久："神并非凡俗之物，这世间的凡俗之人又岂能知晓神为何物？"李耳于是又问："既然神不被凡俗之人所知晓，神遣之说又从何而来？凡俗之人又怎会知晓？"

商容沉思了良久，他没想到李耳对"虚空"的思考已完全超出了他的想象。他看着李耳反问道："若非神遣，这天地之间又何来凡俗之人？又何来这万事万物？"

"这……"李耳一下懵了。细想之下，先生的反问不是没有道理。

这次对话是李耳初次将天、地、人、万物放在一起加以考量，其所思所想，虽尚不能通达，却是意义重大，大道学说已开始在李耳的心里萌芽。

秋夜渐凉。风起时，烟溪边会有湿漉漉的梧桐叶子掉落，间或发出簌簌的声响。先生窗前的芭蕉叶则捧着积攒下来的水滴，积得多了，也有捧不住的时候，会突然泼洒一地。

三年不过是弹指一挥间。

商容离开曲仁里回到宋国后不久，带着一名叫央哥的家仆于谷神山中筑了三间茅庐，从此过上了隐居的日子。李耳偶尔会跋山涉水，前往探视。

李耳深知，求知之路尚远。对他而言，"神遭"不明，"青者"不清，"虚空"仍虚。

有些难题注定只有时间才能解答。

齿舌之论

  走了半天崎岖难行的山路，眼前愈显幽深。一只山雀先是在前面的枝丫间蹦跳，见有人来了，它时而飞起，时而鸣叫，像是在给李耳引路。直到爬上一个突兀的石坡时，李耳的眼前才豁然开朗。他远远就看见央哥正在茅庐前生火，心里不由得一紧，脚下的步子也跟着快起来。

  央哥一边往简陋的灶中添柴，一边飞快地鼓腮吹火，然后将配好的草药煎上，火舌舔着陶罐的底部，茅庐前烟雾缭绕。

  看到乍一出现在面前的李耳，央哥抹了抹沾满烟灰的脸，忍不住哭出声来："李耳哥你终于来了！先生一直在念着你，快进去看看吧，先生这回病得愈发地重了。"

"医师如何说？"李耳边走边问。"医师过来诊断了好几次，用了药，他临走前说……""说什么？""医师说，先生只怕……只怕这次是熬不过去了……""先生是否知晓自己的病情？"李耳的话急促起来。"尚不知晓，我不敢告诉先生。""知会先生的家人没有？""已派人去报信了。"李耳三步并作两步走进内室。雨季刚过，室内除了刺鼻的霉味，还有一股浓浓的草药味，这两种味道混合在阴湿的空气当中，令人感到有点窒息。

央哥用一根纤细的小木棍将桌上的灯芯拨了又拨，原本快要熄灭的灯芯突然溅起暗红的火星，随后发出嗞嗞的声响。见还是有点暗，央哥又点了一盏灯放在跟前，室内这才亮堂了许多。

商容躺在席子上，面色青黑沉郁，眼窝深陷，与往常顾盼神飞的模样判若两人。

央哥俯下身子，轻声在商容的耳边道："先生，李耳哥回来了。"

李耳上前，一下跪倒在地："弟子李耳，拜见先生！"

正在昏睡中的商容听到声音醒了过来，他缓缓地睁开眼睛，看见自己日夜牵挂的爱徒跪在前方，情急中伸出颤抖的手，想挣扎着起身。央哥赶紧上前扶他坐起，将枕头垫在他的背后。

"先生恕罪，弟子来晚了。"李耳的声音已有些哽咽。

商容稍稍摆动了一下手："你能赶回来……已是上天眷顾。"

一旁的央哥想到药还在火炉上煎着，依依不舍地退了出来。

商容看见李耳还跪在地上，心有不忍："快起来……到为师的跟前来，为师……有话，想……想对你说。"

李耳膝行两步，跪坐席前，商容一把抓住李耳的手。李耳望着先生枯槁的面容，心里十分难受。他知道先生患上肺疾已有多年，每到春夏之交病情就会反复。几个月前，虽然先生时有气喘和咳嗽，但还能言谈自若，也不影响四处走动。哪承想，忽然之间先生就病成了这样。

"先生有什么话，等病情好些再说也不迟。"

李耳匆忙用袖子擦了擦眼角。

商容在喘了几口气之后，脸上的气色看似有所缓和："为师的病……""会好起来的！先生只要安心养病，会好起来的！"李耳安慰道。其实他心里清楚，以先生的睿智，不可能不知道自己的病情。

果然，商容摇了下头："为师的病，只怕……只怕是好……好不了了。"

李耳一时不知说什么好。先生命运多舛，先是经历宦海浮沉，又遭家中变故，后来离开朝堂和故里，隐居于这山野之地，每天过着粗衣蔬食的日子，原以为可避开乱世纷争好落得个自在逍遥，谁料想却落下这么一个病根。先生内心的苦楚和孤独，这世上除了李耳，只怕是无人能懂。

"不知先生有什么话想对弟子说？"李耳心中凄然。

商容咳了一声之后，强忍着不让自己咳得更厉害："你此番……游历，有何收获？"

"弟子此番游历，有一件事值得一提。"李耳答道。

"说来让为师听听。""弟子听闻，齐侯见晏婴住得离闹市太近，趁晏婴出使晋国之时给他换了一套新宅。晏婴回来后又搬回到原来的旧居。晏婴对齐侯说，居豪华之宅，会淡薄节俭之念，从而滋长享乐之欲。"

"齐国……齐国有此良臣，实乃……实乃齐国之福也。"商容闭着眼缓了一口气，缄默了一会儿，待气息顺些了，复睁开眼望着李耳。"为师想……问你，过故乡而下车，你可知……为何？"

"弟子以为，先生是在教导我，不要忘记生而为人的根本。"李耳沉吟了一下。

商容又问："过乔木……而小步慢行，你可知为何？"

"先生大可放心，弟子当尊敬长者，谨言慎行。"

商容微微点头，正要开口，突然呛住，急促地喘了几下。喉咙里像藏着一只怪兽，不时发出沙哑而沉闷的低吼。

见此情形，李耳担心商容因言语过多而使病情加重，只得说："先生还是早点歇息，有什么话改日再说。"

商容像是没有听见，抓着李耳的手不但没有松开的意思，反倒像是抓得更紧了："你看看……你看看为师的牙齿……还在不在？"说完，商容费力地张开自己的嘴巴。

李耳不知道这是何意，想到先生既然这样问，定然有他的道理。李耳看了看商容的牙，摇了摇头，如实回答："先生的牙齿快掉光了。"

商容又道："你再……看看，为师的舌头……还在不在？"李耳答："先生的舌头还好好的。"商容又重重地咳了一声："你可明白……这其中的道理？"李耳想了想，答道："先生是说，牙齿坚硬，舌头柔软，柔软的东西却比坚硬的东西要存留得更久。"

商容闻言，眉头一展，对李耳的回答似乎很满意，欣慰地笑了一下："天下的道理……都包含在这里了，为师……为师言尽于此。"

李耳立即明白了先生的良苦用心，不禁热泪盈眶："先生的教导，弟子牢记于心！"

此刻的商容，突然面部紫胀，紧接着山呼海啸般一阵猛咳。

李耳立即明白了先生的良苦用心，不禁热泪盈眶："先生的教导，弟子牢记于心！"

在外面听到动静的央哥手忙脚乱盛好汤药，几乎是跑着端了进来。他一眼看到商容咳在帕子上的一团鲜血，不禁失声叫了出来，手中的汤药也因惊慌失措而洒了一地。

没过多久，商容就昏迷了过去。

李耳和央哥寸步不离守在席前。至第二日凌晨，商容没等到家人赶来就咽了气。依照他生前的遗愿，家人将他安葬在谷神山下的黄河岸边。

商容去世后，李耳有很长一段时间都沉浸在悲痛之中。令李耳感佩于心的是，先生在弥留之际竟然还想着教导他这个弟子。

送走先生后，央哥也走了。央哥又将融入世俗的生活当中，不知此生是否还有缘再见。年轻的李耳不由生出许多感慨：草木有荣有枯，人生有福有祸，人总是始于生而终于死，这是自然规律，任谁也摆脱不了。生，让万物得以绵延，是道之根本。

李耳下山的这天，天上飘着蒙蒙细雨，四野静寂。下山的路似乎比以往任何一次都要显得曲折而漫长。李耳走得很慢，这沿途的一草一木都曾见证过他生命中最美好的时光，但这些时光他却一分一秒也带不走。

　　此时，除了自己的脚步声，还有商容先生临终前说的那些话，在李耳的耳畔不停地回响。

守藏室史

　　周灵王二十一年（前551）这一年有两件重要的事情发生，其一是孔子于这一年在鲁国诞生，其二是李耳入周守藏室为史。这一年，李耳还只有二十一岁。

　　周都的守藏室是王朝典籍和档案收藏之所。李耳进入守藏室之后，亲自和守藏室的小吏们一道，将各种典籍重新清理归档，然后妥善保管。

　　典籍分门别类清理好之后，日常的防范和查验也是必要的。若遇上有残缺不齐的，还得派人四处去寻访、甄别、考证，想方设法补齐。

　　这些事务，别人认为烦琐，李耳却乐在其中。他稍有空闲就沉浸在这些典籍文字之中，如痴如

这些事务，别人认为烦琐，李耳却乐在其中。

醉。他也非常清楚，这里对周王室而言意义非凡，尤其是在诸侯纷争的时期，这些收藏象征着正统、文明和权威。因此，守藏室史这一职务对他而言，一点都不能马虎。

随着时间的推移，李耳无论是在为人还是在学问上，都越来越受到朝中众臣的敬服，前来当面讨教的不在少数。苌弘便是守藏室的常客。

一日，苌弘下朝后直奔守藏室。李耳的案头正堆满简牍，他正沉浸其中。李耳抬头见一贯谦和沉稳的苌弘连招呼都不打就径直闯了进来，颇感意外，也不知发生了什么。

"李史官，出大事了！"苌弘一进门就摊开双手，一副忧心忡忡的样子。

"苌弘大夫，出什么大事了？"李耳放下手中的书简，将一份刚刚编写好的索引交给一旁的小吏，吩咐妥善保管。

"李史官，你可听闻郑国铸刑书于鼎的事？"苌弘迫不及待地问。

"此事史官已记录存档，苌弘大夫为何如此焦虑？"李耳颇觉奇怪。不久前，郑国的执政者子产将本国的法典铸在鼎上，公告于众，当即受到郑国权贵的抨击和反对。与之形成鲜明对比的是，此举却得到了郑国民众的大力支持和拥戴。晋国大夫叔向听说后，气得顿足大骂，连夜写信质问子产，子产却不以为然。

"今日早朝，天子专就此事问于百官，众臣皆大骂郑国，认为郑国此举是对天子的大不敬，纷纷上奏天子，恳求下诏制止。"苌弘在李耳跟前踱来踱去。

"苌弘大夫如何看？"李耳问。"法典神圣，乃国之重器，岂可轻易示之于庶民？若庶民亦知法懂法，将无惧于官府。天下岂不大乱？"苌弘说完，看着李耳。

李耳不以为然："非也，郑国还法于民，民知法亦知守法。民若犯法，则甘愿伏法。官若犯法，则民亦有监督之功。为官者有所忌惮，自然勤政爱民，依法度而行。民有所依托，自然安于本分，正气方可弘扬，国家才能安定。"

"依李史官所见，天子非但无须下诏制止还得褒扬？"苌弘听李耳这么一说，惊愕之余，又觉得李耳所言不无道理。只是此事非同小可，有利于民固然不假，是否有利于国家的安定就难说了。苌弘心想，若民知法后不畏惧官府，官府的权威必然会受到前所未有的挑战，国家又将如何治理？

李耳一眼看出了苌弘心中的顾虑："先贤以天地万物为念，为君为臣者，自当以黎民百姓为念，不可因私心而罔顾天下。"

"李史官的意思是，大臣们是出于私心才大骂郑国的？"苌弘对李耳的说法深感意外。

李耳干脆一语点破："满朝文武之所以大骂郑国，只因担心自己的地位和利益受损。李耳以为，郑国开此先例，必被其他诸国仿效，只怕早已民意如潮，就算天子此时下诏制止，非但于事无补，只怕会适得其反。想那民意聚集如围堰之水，一旦决堤，后果可想而知。"

"如今天下已纷乱不止，李史官就不担心乱上添乱？"苌弘脱口而出。

"天下有道，随处可见快马劳作于田地；天下失道，唯见戎马催生于荒野。吾闻有道之人，无不是最后想到自己才会被众人所推崇。"

听李耳这么一说，苌弘不由面露愧色："是我多虑了。"

后来的情形果然如李耳所言，因民心所向，各国迫于情势不得不仿效郑国，纷纷将本国的法典颁之于众。由此，苌弘对李耳的见解和学识更是钦佩有加。

自从进入守藏室之后，李耳从不参与朝中纷争，恪守自己为人为官的准则，清心寡欲，唯有在学问上精益求精，工作之余，其神思随着典籍中先贤们的真知灼见漫游于天地之间。

每当朝阳初升的时候，李耳会站在守藏室前，凝视阳光投射在庭前的日晷上，仿佛上天和大地正通过日晷上的铜针和圆盘在建立某种紧密无间的联系。他日夜寻求的"道"，也在这样的凝视和思考中日臻完善。

那个时候，对有学问的男子多尊称为"子"，李耳也非常受尊敬，只不过因为发音的关系，他被尊称为"老子"。

巷党助葬

　　或许是造化弄人。周景王十年（前535），三十七岁的老子却因受到权贵的排挤，被免去守藏室史之职，出游到了鲁国。老子在鲁国游历多日后，突逢友人病故，友人亲属一致请求老子为其主持葬礼。

　　这天，老子在巷党察看完新挖的冢圹后，欲回曲阜的馆舍休息。车子刚进入曲阜城，马匹突然受惊，差点将对面的一辆马车撞翻。

　　赶车的车夫好不容易将马勒住，正惊魂未定的时候，一位年轻人从对面的马车上下来。年轻人长得眉目清秀，穿一袭素白镶边的锦袍，看年纪约莫十六七岁。见此情形，老子也赶紧从车上下来。不待老子开口，那年轻人先对着老子施礼道："先生可有受惊？"

老子素闻鲁国乃礼仪之邦，此番亲眼所见，果然是名不虚传。刚才明明是自己的马受惊后冲撞了对方，对方非但不恼，还走下马车表示关切。更何况，下来的人竟如此懂得礼数，老子心里顿生好感。

老子赶紧回礼道："刚才冲撞了您，还望您见谅。"

年轻人道："先生言重了，在下姓孔名丘，字仲尼。敢问先生如何称呼？"

老子道："在下姓李名耳。"

"先生可是曾在周都任守藏室史的李耳？"孔丘问。

老子颇感意外："正是。仲尼从何得知？"孔丘赶紧施礼道："丘早闻先生大名，今日一见，果然气度不凡。不知先生何以在此？"

老子答道："不瞒仲尼，两日前友人因病突然去世，至今日，停灵三日已满，现已入殓，其葬仪由李耳主持，明日就是出殡之日。"

孔丘闻言心里一动："丘早就听闻老子先生深谙礼仪，丘对礼仪也略知一二，明日可否让丘与先生一同前往？"老子没想到眼前的孔丘小小年纪竟然会对葬仪感兴趣，不由得暗暗称奇，当即欣然应允。

次日为朔日，天气晴好。葬仪在老子的主持下进行得有条不紊，老子边主持葬仪边留意在一旁协助的孔丘。

在孔丘的协助下，葬仪的每一个细节都一丝不苟，就连出殡前喊礼、祭奠这样繁复的仪式，也是分毫不差。老子不由得在心里暗自感叹：这个孔丘小小年纪就能如此，将来必成大器。

送葬的队伍浩浩荡荡，有的抬着灵柩，有的哭喊，有的吹奏笙乐，有的举着招魂幡，有的跟随在队伍后面为逝者送行。老子和孔丘则在前面引路。

队伍出曲阜城后，逐渐转入乡野小路。行进中人们感觉天色昏暗下来，不禁都抬头望向太阳，原本白晃晃的日头像被什么在一点点蚕食，这异常的天象导致送葬队伍一片骚乱。人们惊慌失措，认为那是大凶之兆，纷纷望天拜呼。这样一来，吹笙乐的人停了下来，抬灵柩的人呆呆地站在原地，一个个惊恐地望着天空，生怕未知的灾祸随时会降临到自己的头上。举幡的甚至想丢下幡一走了之。

孔丘从未在葬礼中见过此番情状，急忙用力挥着双手，在前面喊道："不能停，不能停……"但任他喊破了喉咙也没有人听，队伍仍处在混乱中。正当孔丘手足无措的时候，老子爬到路边的一个土坡上，大声喊道："停下！不要哭，也不要乱，所有人都靠在路的右边，把灵柩停下！"众人看着老子，一时不知道该不该听他的，正在犹疑。老子又大声喊道："保持安静！把眼睛也闭上，我保证各位都平安无事。"一听说可保平安，众人陆续安静下来，将信将疑地靠路的右边停下，然后闭上眼睛，以静待变。

此时，天空越来越暗。没过多久，太阳已被全部遮住，像一块被锻打过的金属，只显出泛着暗红光晕的圆形轮廓。

孔丘不明白老子为什么叫大家停下，他不可能不知道，送葬时若灵柩停下是对死者的大不敬，这是常识，也是死者的亲人所不能忍受的。但事已至

众人看着老子一时不知道该不该听他的，正在犹疑。

此，他再想阻止已经来不及了。孔丘只好听从老子的安排。

过了一会儿，被遮蔽的太阳又慢慢露出真容，像是老天故意使了一个障眼法，黑幕拉开，天地又恢复此前的明亮。老子这才叫众人睁开眼睛，众人见什么灾祸都没有发生，都放下心来，各就各位，队伍照常继续前行，直到灵柩顺利落葬。

在返回的途中，孔丘忍不住问老子："先生可知道这灵柩是不能停的？"老子道："知道。"孔丘很是吃惊："既然先生明明知道不能停，却反其道而行之，为何？"老子一眼看出了孔丘心中的疑惑："非故意为之，乃遵礼而行。"孔丘一怔，心想，难道是自己错怪了老子？不对啊，既然是遵礼而行，这所遵之礼应该是有出处的，到底是出自哪里呢？孔丘自认为熟知礼仪典籍，如此"遵礼而行"倒是闻所未闻。孔丘又问道："刚才先生所遵之礼为何礼？丘愿闻其详。"

老子沉吟道："诸侯去朝见天子，总是日出而行，到了傍晚时分，要在太阳尚未落山之前找个地方歇息，大夫出使也是如此。灵柩在天亮之前是不能出殡的，也不可在天黑之后才下葬。凡是披星戴月赶路的，只有罪人和奔父母之丧才会这样。刚才日食，天地霎时黑如星夜，若继续前行，与罪人奔丧又有何异？我让众人靠道路的右边停下，是因为左边是深沟，怕混乱中有人失足。右边则地势平坦，适合人员聚集，人一旦聚集到一起，就不会那么恐慌。叫他们止住哭声安静下来，是不想有人出言无状扰乱他人的心神。我再叫他们闭上眼睛，是防止突然出现的强光将眼睛刺伤。君子行事依礼，更要顺应天道，顺应天道乃世之大礼。"

听老子这样一解释，孔丘觉得没有任何不妥之处，他不得不佩服老子思虑的缜密和临时决断的定力。依老子所言，这天下之礼不能拘泥于已定之规。相机而行，应时而变，才是尊礼之道。更令孔丘折服的是，老子视顺应天道为世之大礼，令人无法辩驳。又想，今日若是由他来主葬，他还不知如何面对如此乱象。好在一切顺利，老子友人的灵柩下葬之后，其亲属也没有像孔丘事先担忧的那样责难于老子，相反，他们对老子如此安排甚为满意。

老子准备离开鲁国回曲仁里之前，孔丘向老子约定，因自己还年幼，待年龄再大些，在学业上更精进些，定当亲自去曲仁里拜见老子。

谁料时隔五年后，李耳又被甘平公召回周都洛邑，仍任守藏室史。等孔丘践行约定已是十多年之后的事了。

孔子问礼

　　已过而立之年的孔丘常和南宫敬叔、孟懿子诸弟子坐而论礼。

　　一日，南宫敬叔见孔丘郁郁寡欢，似有什么心事，就问道："先生乃我鲁国之大贤，受万民景仰，又深通礼之根本，已无人能及，为何还不开怀？"

　　孔丘轻叹一声："你有所不知，文物祭器，礼仪典籍，凡可明鉴的礼仪之物，都不在我们鲁国，我又如何能通晓礼之根本呢？"

　　南宫敬叔颇感意外，忙问道："那先生可知晓这礼仪典籍现在何处？"

　　孔丘答道："在周都洛邑的守藏室中。老子现为周都的守藏室史。我曾与他助葬于巷党，并约定择机去拜访于他。此人博古通今，高深莫测，既知晓礼乐之本源，又明了道德之根本，你愿与我一同去向老子请教吗？"

南宫敬叔欣然同意。南宫敬叔随后将此事报请鲁昭公，鲁昭公深以为然，还为他们派遣了车马和仆从。孔丘一行从鲁国千里迢迢赶到周都洛邑之时，正值秋高气爽。洛邑多枫树和银杏树，秋风乍起，亭台馆舍之间，金黄的银杏叶和火红的枫叶铺满一地，甚是壮观。

平时，老子习惯每天在守藏室待上半天，处理完与典藏相关的事务后，会将清理出来的散残书简带回府中进行研读和整理。这一天倒是例外，他既不在守藏室，也不在自己的府中，而是去了洛邑城外的无名峰。孔丘一行从守藏室寻到府上均不遇。好在老子出门前将自己的去向事先交代过府里的仆从，仆从一听说是远道而来的孔丘先生，赶紧在前面引路，领着孔丘一行前往无名峰。

说起这无名峰，倒颇为有趣。老子曾问身边的人此峰之名，竟无人能答，于是老子说那就叫它无名峰吧。从此，这座山峰就以"无名"为名了。

无名峰上有一座石亭。老子发髻高挽，长须飘飘。他正背着双手立于亭前，一动不动地凝视着远方。老子的正前方是隐现于薄雾中的山峦，那连绵起伏的姿影如同用淡墨勾勒，山脊处有白鹭翩飞，间或有几处红枫林缀染于苍翠之中，极为灵动。左边有一挂瀑布高悬，瀑流汹涌，飞珠溅玉，亮白如练，瀑下深潭似隐约传来雷鸣之声。右边，一群灰色的鸽子呼啦啦振翅而起，它们在空中盘旋，忽近忽远，如一阵疾风。目之所及，周王室的宫殿楼宇可尽收眼底。这些建筑看上去虽有些陈旧，却仍不失昔日的恢宏气象。

此刻，在这无名峰上，老子和孔丘实现了历史性的会面。

老子见当年的翩翩少年，如今已是气宇轩昂，一副踌躇满志的样子，不禁微笑着点头。

孔丘快步走到老子跟前，施礼道："丘闻先生已悟天地万物之道，今特带弟子前来，敬请先生赐教。"

老子回礼道："仲尼想问什么？"

此刻，在这无名峰上，老子和孔丘实现了历史性的会面。

孔丘道："自从与先生曲阜一别之后，丘苦心研修礼仪，向民众推行仁义。丘只是想告诉世人，人之社会一定要有良好的秩序，要信任自己的国家和君主，人人都遵行天命，对天地怀有敬畏之心，就好像日月星辰各安其位，一年四季各顺其时。"

老子道："仲尼所说的'遵行天命'其实就是信奉大道，你所推行的恕、仁、礼、智、信，也正是李耳所领悟的大道学说中'德'的体现啊。"

孔丘问："那先生以为，人应遵循怎样的规律而行呢？"

老子没有急于回答，再次将自己的目光投向远方。王宫的檐顶上，那群鸽子还在，它们忽而落下，又忽而飞起，好像不知疲倦。秋风起处，天上的云团似乎比开始跑得快些，视野也变得清明了许多，前方的山峦随着薄雾的消散，也展露出青色如黛的真容。

老子慢慢收回目光，他邀孔丘一行在亭内坐下，这才开始回答孔丘刚才的提问。

老子道："人之所以生，所以死，所以荣，所以辱，皆有其自然的规律可循。顺自然规律而行，国家则不治而自治，人心则不正而自正，又何须去推行礼乐和仁义呢？仲尼之所以推行礼乐和仁义，正是因为看到这两样东西在人的身上有所缺失。老夫以为，仲尼真正要做的，不只是去弥补这种缺失，更要找到造成这种缺失的根源。"

老子的这番话，一下解开了困扰孔丘多年的疑虑。相对于老子的大道学说，孔丘意识到了"礼"的局限性。老子所思比他的思考更深，更远，更为系统和全面。

见孔丘沉思不语，老子指着不远处的瀑流："仲尼为何不学水之大德呢？"

孔丘不明其意，他的弟子南宫敬叔在一旁忍不住问道："请问先生，水有何大德可言？"

老子看了南宫敬叔一眼，又看了看孔丘："最高尚的事物莫过于水啊，水给予万物极多的利益却从不争功，处于低下和被人厌恶的位置，这才是最谦虚的美德。江海之所以能成为河流的归宿，是因为它们善于处在下游。世间最柔弱的东西莫过于水，然而它却能穿透最坚硬的东西，这就是大德。

不见其形的东西，却可以进入到没有缝隙的东西中去，这就是不言和无为的力量。"孔丘闻言大悟，望着消散的薄雾，逐渐清明的山景，不由感慨道："先生所言，令丘眼界大开。"老子点了点头，又接着道："水接近于大道，水也有利于一切。水从来不会逆势而上，是善于选择自己的所在；水清澈平静，又往往深不可测，是善于隐藏自己；水汲取而不会枯竭，付出又不求回报，这是善于为仁；水遇见圆的东西，必环绕而走，遇见方的东西，必折角而行，塞住必停止，放开就流淌，这是善于恪守信用；水能洗去万般污秽，能正确地评判高下，这是善于治理万物；水用来载物，可以使其漂浮，用来照物，则清澈如本真，用于破坏，没有什么能够阻挡，这是善于使用自己的能力；水无论白天黑夜，注满一处以后便会向前流淌，是善于等待合适的时机。所以圣人顺随时机而行动，贤者针对不同的事情而变化，智者不用大动干戈去治理，通达的人当顺应天时而生存。"

孔丘和南宫敬叔听到老子对水有如此深刻的见解，心里既钦佩又感到惭愧。

"依先生之见，丘当如何？"

"仲尼回到鲁国以后，应该将言表之外的骄气去掉，将脸上企图实现大志的气象去掉。"

孔丘一脸窘迫："丘惭愧，定当牢记先生今日所言，以水为师。"

他们就这样你问我答，直至日暮。

回到守藏室后，老子差小吏将孔丘需要的典籍一一找出，供他研读。老子还特意请来苌弘大夫。老子深知苌弘大夫除了乐理，还精通历法推演、天象观测、占卜、礼仪，乃周室少见的大才，故由他教授孔丘当是不二人选。老子还引孔丘参与祭神之典，考察宣教之地，观摩庙会礼仪。

孔丘在守藏室一待就是三个多月，在这三个多月的时间里，孔丘如饥似渴，除了当面求教于老子和苌弘之外，就是饱览各种典籍，到了废寝忘食的地步。

孔丘学成后，向老子辞行。洛邑的街道上热闹非凡。南宫敬叔已在落脚的馆舍前将马车备好，随时准备启程。老子和孔丘从馆舍出来，边走边聊，一直走到马车旁才止住脚步。老子拈须微笑道："富贵之人送人钱财，仁德之人送人良言，老夫不富不贵，就窃取这仁德之名，再送仲尼几句话吧。"

孔丘连忙施礼："请先生赐言。"老子缓缓地说道："聪明深察之人常会受到死亡的威胁，那是因为他喜欢议论别人；博学善辩而又识见广大之人常遭受困厄，从而危及自身，那是因为他喜欢揭发别人的罪恶。做子女的要忘掉自己而心念父母，做臣下的则要忘掉自己而心存君主。"

孔丘听了，深知老子的赠言珍贵万分，这是警示他稍有不慎可能就会祸从口出，亦是出于一个宅心仁厚的长辈对后学的关怀和爱护。

孔丘长揖过膝："丘定当谨记于心。"告别老子之后，孔丘与南宫敬叔坐上马车，依依不舍地向鲁国而去。回到鲁国后，众弟子问道："先生拜访老子，是否见到了他本人？"

孔丘道："丘何其有幸，得以见之。"

弟子又问："先生以为老子是怎样一个人？"

孔丘想了想，说道："鸟，我知道它能飞；鱼，我知道它能游；兽，我知道它能走。在地上走的，我可以用网捕捉它；在水里游的，我可以用钓钩将它钓起；在天上飞的，我可以用弓箭将它射下来。至于龙，我不知晓应该如何对付。龙乘风云而直上九天，难见其首，亦难见其尾，我见到老子，就如同见到龙啊。"

众弟子听孔丘这样一说，无不啧啧称奇。

礼崩乐坏

老子送孔丘离开洛邑后，没过多久，周景王因病薨（hōng）逝，太子姬猛继位。

周景王在位时，先立其长子姬寿为太子，因姬寿早死，遂立姬猛。只是景王又格外宠爱庶子姬朝，于病重时曾托付大夫宾孟扶立姬朝，结果还没来得及实现自己的愿望，就已病死。景王一死，单旗、刘卷伺机将宾孟杀死，仍拥立姬猛为王。姬猛继位后，姬朝很不甘心，欲率领旧僚争夺王位。

一天夜晚，大夫苌弘来拜访老子。在姬朝和姬猛之间，苌弘偏向于扶持姬猛。他来的目的就是想知道老子会支持谁，又不好直截了当地问。此前，苌弘曾多次在守藏室有意或无意地试探过，每次都被老子将话题岔开了。待家仆进去通报后，苌弘在老子府院的大堂等候。没过多久，老子迎了出来："苌弘大夫，久等了。"

苌弘拱手道："哪里，近几日俗事缠身，直至今日才得些许空闲，特来向先生讨教。"

"苌弘大夫言重了，有请。"老子请苌弘到了客厅，他知道苌弘善饮，当即吩咐家仆将酒菜端了上来。

苌弘因心里有事又不能明说，言谈举止比往常显得客气和拘谨。老子对苌弘来的目的自然心知肚明。苌弘若是不问，他自然不会主动提及。

"古有舜作《大韶》之乐，以颂帝德。今有周之雅乐，和以律吕，融礼乐歌舞于一炉。两者可有何不同？"老子举酒向苌弘示意。

苌弘也跟着举酒："周武王定天下时，曾奏以韶乐，并封赏功臣。周之雅乐深受韶乐影响，多用于祭祀，以敬奉天神。"

"乐合于道者，莫过于天籁。苌弘大夫以为然否？"老子问。

"先生所言正是苌弘心中所思。"苌弘一时来了兴致，饮了一大口酒。

两人从韶乐聊到李耳的大道学说，再从大道学说聊到民间疾苦和国家兴亡，倒也投机。

酒过三巡之后，苌弘微醺。借着酒劲，他指着窗外的夜空对老子道："吾近日观天象，见凶兆毕现，主星有东移之象，恐有江山易主之虞。不知先生如何看？"

"苌弘大夫善观天象，李耳佩服。"老子又将酒斟上。

苌弘见老子没有正面回答，就接着往下试探："上次听先生言大道之学，论及无为，如今乃是大争之世，苌弘愚钝，不知这无为该当何解？"

"无为，非不为也。治大国若烹小鲜，是以合大道而行，顺势而为也。"李耳说完，看了苌弘一眼。

苌弘叹了一口气，将酒一饮而尽："先王驾崩后，太子初登大宝，根基未稳。今有姬朝一党早有异心，其身后又有朝中旧臣领有先王遗命，欲辅佐其篡位，我等为臣者又该当何为？"老子深知如今的朝堂早已是暗潮汹涌。从苌弘的神情来看，太子与姬朝两方似都有所准备，付诸行动只怕是迟早的事。老子眼看周室王位之争如箭在弦上，一触即发，不禁摇了摇头："想要治理天下，却用强制的办法，我看他达不到目的。"

苌弘闻言，听出老子的言下之意并不看好争夺双方。

"为何？"苌弘问。老子道："天下的人民是神圣的，不能够违背他们的意愿和本性去强力统治。用强力统治，就一定会失败。"

苌弘这下终于明白了，老子根本就无意于在这场争斗中偏向哪一方，也不看好这样的争夺会带来什么好的结果。他也知道，老子所追求的大道学说也不仅仅是口头上说说，以他对老子的了解，老子向来言行一致，他绝对不会去做有违大道的事情。

苌弘自然不会勉强老子，以他和老子的交情，他也不希望老子真的被卷入这场争斗之中。而在老子看来，这样的争斗注定会没有赢家。无论是得天下者，还是治理天下者，无论是争权者还是守权者，如果因为争权夺利而置王室的安危于不顾，又岂会顾及天下百姓的安危？如果只知道依靠强硬血腥的手段，又怎么能真正达到治理天下的目的？其结果一定会违背天下人的意愿和本性，这样得来的天下不可能长久。

正是出于对苌弘的爱护，老子才摆明了自己的态度，也算是对苌弘的一种提醒，至于苌弘能不能明白他的一番苦心，就不是他所能左右了。

苌弘明知老子所言句句在理，可叹的是，他对自己的选择还存有幻想，自然不想轻易回头，或许回头比他此前所做出的选择要更为艰难。既然已明了老子的心意，苌弘便不打算久留，匆忙起身告辞。

老子站在门口，直到目送苌弘的背影在黑暗中完全消失，这才转身回府。此时，周都的夜空沉黑，依稀只有两三颗星子高悬。

不久，姬朝派人乘深夜潜入宫中，掳走了姬猛。单旗得知消息大吃一惊，慌乱中只好突围而逃，姬朝的人马挟持姬猛对单旗穷追不舍。追至半路，晋顷公派遣援兵及时赶到，不但杀退了姬朝，还救出了姬猛，并护送姬猛避于洛邑东北方向的王城。不久，又派兵护送他回到都城，不曾料想到的是，姬猛却突然病死。

获知这个消息后，老子预感到周王室又将掀起新一轮更为惨烈的争夺。

果然不出老子所料，姬猛死后不久，晋顷公出兵支持姬匄（gài）复位。姬朝兵败后，掳走众多青铜礼器，还闯入守藏室，将珍藏的典籍劫掠一空。从此，周王朝礼崩乐坏，这导致各诸侯国之间的纷争更加剧烈。

自从郑庄公对抗周王室初成霸业以来，又历两百余年的周王朝已开始走下坡路，一些诸侯国凭借日益壮大的势力，早已对周天子虎视眈眈，伺机称霸。老子深知周王朝早已积重难返，如今王室又内乱频生，正好给这些诸侯国以可乘之机。在老子看来，周王朝的衰微之势已不可逆转。因蒙受姬朝掳走典藏的失职之责，老子又遭罢免，他心灰意冷，决定离开洛邑。

这一年冬天，老子府里银杏树上的叶子都掉光了，倒是有一株凌霄仍在墙根处向上攀缘，伸过了墙头，正俯身看着院墙外的世界。

老子想到了苌弘，一个如此能洞察天机和人心的人，一旦陷入权力的争夺当中，就等于时时将自己置于进退两难的凶险之地，只怕到头来仍然不能得以善终。

　　老子独自倚坐在窗前，他听到通往府中水池的竹管里传来淙淙的水流声，那声音虽然细小，却异常清晰。老子的思绪像这水流声一样，也渐渐变得清晰起来。

馆舍论道

　　老子出府后，车马缓缓行至洛邑街头。自周敬王继位后，经过几年的治理和恢复，洛邑又暂时呈现出往日的繁华。街道两边，各种字号的铺面林立。贩卖杂货和小吃的摊点前，叫卖声扑面而来，此起彼伏。老子在车中微敛双目，他想起在馆舍前与孔丘的那次道别，一晃多年过去，当时情景却仍历历在目。如今孔丘已成为北方的大贤，而此刻他也将离开这里。老子的内心虽有诸多感慨，倒也平静，就如同马蹄在街道的青石板上发出清脆有力的响声，却只留下淡淡的印痕。

　　车马行至一处馆舍跟前时被人拦下，拦车的是周太学的学子们，他们对老子的大道学说仰慕已久，听说老子辞官后意欲离开洛邑，便早早结伴在这里守候。老子一进入馆舍，馆舍里里外外一下子就被围得水泄不通。学子们的本意只是来给老子饯行，结果却将这个馆舍当成了向老子讨教的讲堂。

这时，有人急不可耐地问道："请问先生，何为大道？"

老子整了整衣袍，目视众人："大道讲的是天地变化的规律，也是自然运行的法则。道就像是一个器具，它是万物得以生长的母体，有取之不尽用之不完的能量。看上去它混沌如同尘埃，却能解除这世上众多的纷扰，也可压制住所有的锋芒。它高深莫测，而又浩瀚无边。我虽然不知晓它真正的来源，却知晓它是万物的初始，是天地变化的源头。"

老子刚回答完第一个问题，马上就又有人站了出来："请问先生可知这天地如何变化？自然又如何运行？"

这个问题一问出来，老子不由得心里一动。这么多年来，他一直在苦苦追问和沉思的正是这个。

老子答道："天遵循道的法则，道遵循自然的法则。道生一，一生二，二生三，三生万物。万物又分阴阳，阴阳抱合，使能量得以相互转换，达成和谐，从而生生不息，成就天地之变化。有生有死，有增有减，此消彼长，周而复始，才是自然运行的法则。"

"依先生所言，请问，人应该怎样做才能顺应先生所说的道？"有人又问。

老子不紧不慢地喝了一口水："凡是懂得大道的人，一定会注重自己的德行，从而做到返璞归真。并将这种德行用来影响自己的家庭，这个家庭的德行就会彰显出来，得到乡邻的仿效，并将这种德行传播出去。倘若用这样的德行治理国家，就会为这个国家带来太平，倘若将这样的德行传遍天下，天下就会像得到阳光雨露的滋养一样，充满生机和活力。德行的光辉就会普照万物……"

老子的话还没说完，馆舍门口突然出现了骚乱，有人吵吵嚷嚷着要从人墙外挤进来。来人这种莽撞无礼的行为自然引起众人的不满。

来人神色傲慢，只见他甩着袍袖，目不斜视，大摇大摆从众人让出的过道走进馆舍，一直走到老

老子的话还没说完，馆舍门口突然出现了骚乱，有人吵吵
嚷嚷着要从人墙外挤进来。

子跟前，深施一礼："在下拜见先生。"

这人约莫有三十岁，短颈，圆脸，中等身材，衣着华贵。众人被他气势所摄，一时也没了动静。老子不动声色地问道："敢问阁下是谁？"

来人答道："回先生，在下阳子居，现居沛地，经大梁而来，前日才到洛邑。今日正好路过此处，意外得知先生在此，特来讨教。先生以为应当如何做，才能既造福于民，又有利于自身？"

老子不禁眼中一亮，没想到这个年轻人能问出这么好的问题。他微笑着答道："天下人都知道美之所以为美，是因为这世上还有丑恶的东西；知道善之所以为善，是因为还有不善的东西。所以才会有有无、难易、长短、高下、音声、前后这些对立的概念。圣人不刻意去做什么事情，任万物生长而不加以干涉，有所创造而不据为己有，有所作为而不居功自傲。正因为不占有，他才不会失去。才能真正做到像你所希望的那样，既造福于民，又有利于自身。"

阳子居又问："先生，人生在世，又当如何看待自身的名望？"

老子答道："知人者智，自知者明。一个人的名望如果合乎自身，为人处事就用不着再去彰显自己的名望。行事不显示名望的人，即使平庸也有光辉。"

阳子居赞叹道："先生所修之大道，果然高深。"老子继续道："善于修炼大道的人，见解往往微妙神秘，总给人一种深不可测的印象，所以生怕自己的言辞表达不够准确，才会努力去解释。他们刚开始修炼的时候，就像在冬天过冰河那样小心翼翼，尤其害怕影响到乡邻，高兴的时候，他们就像冰融化一样悄无声息。因此，他们敦厚起来才会朴实无华，豁达起来才会虚怀若谷，混沌起来才会像浊水一样。如何才能让浊水变清呢？唯有安静。如何能让安静变得持久呢？唯有让自己的行动像生长时那样循序渐进。修炼大道的人不会骄傲自满，正因为如此，才能推陈出新。"

阳子居听后，想到自己未来见老子之前，一直不知道如何自处，不禁深感羞愧。听老子这样一说，不禁心悦诚服。

他向老子拜倒在地，说道："弟子今天领受先生教诲，受用一生，请受弟子一拜！也恳请先生将弟子收入门下，弟子当潜心研习先生之大道学说，望先生成全！"

老子不禁拈须微笑，点了点头。阳子居大喜，连忙重新见礼。众人见阳子居拜了老子为师，一个个唯恐落于人后。只见整个馆舍的里里外外，齐刷刷拜倒一片。

馆舍外几株桃树和李树摇着灼灼的花瓣，借着春风，喜滋滋地将落英送到人们的衣上、发间。

宛城收徒

老子抵达楚国宛城（今属湖北荆门）的消息很快就传开了。宛城是通往周都的要道，来往的客商络绎不绝。因馆舍狭小，听众云集，老子只好将讲说大道的地点转移到城西的一株古樟下，此处平坦开阔，不光是达官显贵，来来往往的贩夫走卒也可以驻足聆听。

有一天，一位叫庚桑楚的男子来拜见老子。他自称来自楚国北边的畏垒山，听闻老子在宛城传道，特意寻来。众人见此人衣着简朴，个子矮小又其貌不扬，都没怎么把他放在眼里。

每次老子讲学的时候，众人都争先恐后往前面挤，唯独庚桑楚不争不抢，总是站在人群后面。庚桑楚只是凝神倾听，从不主动提问，一连几日皆是如此。老子留意到此人心性沉稳，目光坚定，在众人中极为少见，因而待众人散去之后，独将庚桑楚留下，于馆舍相谈。

老子问："我见你日日来听讲，但却从不发一言。你可有什么想说的话吗？"

庚桑楚微一沉吟，叹道："如今各国穷兵黩武，以至民不聊生，朗朗乾坤却如黑夜无异啊。"

老子没想到这年轻人其貌不扬，倒是个心怀天下苍生的贤士。他也叹了一声，道："军队本是国家为防不测之器，不是君子该轻易使用的，只有在迫不得已的时候才能使用啊。"

庚桑楚道："前不久，弟子遇到一位将军，他向弟子夸耀如何因偷袭敌人而获得了胜利。"

老子道："如果依靠锋利的兵器偷袭对方，即使获胜也不光彩。有喜欢用这种战术的人，跟乐于杀人的刽子手没有区别，这样的人是不可能赢得天下的。"

庚桑楚问："那依先生之见，将军在阵前当如何用兵？"

老子答道:"用兵有这样的说法,我不主动进攻,宁愿被迫反击,不轻易向对方推进一寸,宁可退让一尺。所以,行动之前让对方看不到你的动机,欲进击却不让自己的手臂显露出来,欲杀敌却不露出兵刃,欲制服对手却让对方感觉到自己无敌,从而让对方轻视你。灾祸的降临莫过于轻视敌人,如果是你轻视了对手,则会丧失自己所有的优势,故两军实力相差无几时,能认识到自己不足的军队必胜。"

　　庚桑楚又问:"在战场上,一个将军当如何看待胜负?"

　　老子答道:"捷报可以鼓舞士气,吃了败仗则让人冷静。偏将军应侧重威猛,上将军则应以大局为重。身为将军,对阵亡者应以悲哀的心情予以缅怀,获胜后,也应以丧礼来处置。"

　　庚桑楚很是不解:"对待阵亡的敌人也要像办丧事一样吗?"

　　老子面色一沉,道:"就算是敌人,他们在参战之前,跟参战后并没有什么区别。一个敬重自己对手的将军,也必将赢得对手的敬重。一个善待对手的将军，也必将被对手所善待。"

庚桑楚从未见一个人能像老子这样，胸怀坦荡，淡泊沉着，而又对天道人伦有如此独特深刻的理解。

一连数日，老子彻夜与庚桑楚论道，两人无所不谈，庚桑楚遂得老子真传。

庚桑楚拜别老子那天，老子站在馆舍前，目送庚桑楚远去。只见天际有一股乌云久久不散，仿佛要把远山的轮廓压得更低，其间偶尔伴有电光忽闪。与之形成鲜明对比的是，他此刻的头顶却是天高云淡，碧空如洗。宛城街边来往的行人似乎也看到了天边的异象，但他们并没有当回事，埋下头，又继续各自的忙碌。

此情此景，让老子感觉如同身处幻境。他曾无数次怀疑过，也无数次求证过，如今大道虽明，而这天地之间的人心却依旧混沌。

隐居沛地

　　老子刚抵达宋国的商丘（今河南商丘），他的弟子阳子居闻讯后，也带着家仆和车马赶到老子落脚的馆舍。

　　将老子接到沛地后，阳子居暂时安置老子在自己的府中住下。这期间，阳子居陪着老子饱览了沛地各处的风光，使老子萌生了在沛地隐居的想法。阳子居得知老子有此想法后，自然是求之不得。正好他受好友之托看护一处老宅，而好友已在秦国为官，全家迁走后十数年杳无音信。现在这处宅子恰巧可以派上用场。

　　这是一个阳光明媚的春日。薄雾已经散去，在一条蜿蜒的土路上，老子和阳子居所乘坐的马车行驶得有点缓慢。不时有正在觅食的白鹭、鹈鹕（tí hú）、长脚鹬（yù）突然从沿途的湖岸边惊飞而起。沼泽地里的菖蒲正长得茂盛，它们用叶片传递着属于自己的独特清香。远远望去，大片的芦苇正处于孕穗期，它们随风摇曳，发出细微的沙沙声，像风的絮语。

宅子坐落在青山绿水之间，屋后树木参天，绿荫如盖，屋侧则长有一大片楠竹林，一根根粗壮挺拔，枝叶繁密。通往宅子的坪地和阶台上，积满厚厚的落叶和尘土。庭院里的水池早已干枯，各种野草和蕨类植物正在疯长。因常年无人居住，宅子的里里外外早已变得破损不堪。

老子看完宅子后，对周围的环境非常满意。阳子居请来泥瓦匠、木匠、小工，花了数日将宅子修缮一新。

在沛地隐居下来后，除了阳子居常来之外，老子慢慢谢绝了其他的来访者。老子平时极少外出，只有每年到了商容的忌日，才出趟远门，到恩师的坟前拜祭。

自从吴国的公子光在伍子胥的帮助下夺取王位

后，吴国励精图治，日益强大。多次伐楚，楚国节节失利。

老子想到自己的弟子庚桑楚在楚国一心奉行大道，而无休无止的战乱却席卷而来，不禁感到有几分担忧。

话说庚桑楚回到畏垒山之后，见家仆中凡是有炫耀才智的，一概不用。侍婢中有标榜自己贤淑的，也一律不用。只将敦厚朴实的人留在身边。

有一个叫南荣趎（chú）的人感到不解，问他为何要这样做。

庚桑楚答道："老子曾教导我，道德修养越高的人，越能像草木那样，淡泊无争地生活。而那些自以为是的人，并不知晓自己的言行会带来怎样不好的后果。我这样做，只是想让他们提前得到教训而已。"

南荣趎听了庚桑楚的回答后非常佩服，执意拜庚桑楚为师。

从前的畏垒山因地处偏僻，消息闭塞，人的视野比较狭隘，又加上民风彪悍，人与人常常一言不合就拳脚相加，导致社会极不安定。庚桑楚一回到畏垒山，就开始广收弟子，弟子受到他的教化，又去教化他们身边的人。

不出几年，畏垒山的风气和面貌有了很大的改观。受到教化的百姓相处和睦，社会安定，百姓的心思就放在了田间地头，地里的庄稼长势喜人，连年获得丰收。这对于畏垒山而言，简直就是个奇迹。因此，人人都在称颂庚桑楚的功劳，处处都有人谈论他，个个都敬重他，认为他就是当今的圣人。

庚桑楚听到这样的谈论之后，感到忧心忡忡，整天愁眉不展。

他的弟子南荣趎则认为庚桑楚完全当得起圣人之称。

庚桑楚道："猛兽一旦独自走出丛林，就免不了被人网罗的命运。大鲸一旦在沙滩边搁浅，蚂蚁也能将其啃噬殆尽。你难道不知道吗？野兽之所以担心林木不够繁密，鱼鳖之所以嫌弃水道不够幽深，皆因为林木繁密之地野兽才能更好地隐藏自己，水道幽深之处再大的鱼才可以匿于无形。凡是能保全自己的人，皆善于隐藏自己。"南荣趎还是不能理解："先生是担心自己的安危才这样吗？"庚桑楚道："并不完全是这样。你想想看，世人若将心思放在举贤任能上，就会助长贪慕虚荣之心，富有心机的人就会想方设法欺世盗名，人与人之间就会构成伤害。这种做法不仅不能给世人带来好处，反而会祸害无穷。"

南荣趎虽是庚桑楚的弟子，却比庚桑楚年长。听了庚桑楚的话，深为自己的狭隘而感到羞愧。问道："先生，弟子要如何才能修炼得跟先生一样呢？"

庚桑楚道："养好你的身体，集中你的精力，用不了几年，你就能跟我一样了。"

南荣趎道："先生和弟子在形体上应该是相同的，为什么先生能修炼至此，而弟子却不能，是因为人在对外物的感知上有很大的差别吗？"

庚桑楚道："人和人看似一样，才能却有大小之别。我现在所说的话并不能启发你，是因为我的识见有限，你还是去请教比我更高明的人吧。"

南荣趎问道："难道还有谁的识见能超过先生？"

庚桑楚道："当今能真正称得上圣人的人，唯有一人。"

南荣趎问道："请先生明言。"庚桑楚道："此人就是我的老师老子。我现在只是将老子先生教给我的，再教给了你。他的学问和境界要远远高于我。"

南荣趎问道："先生可知老子现在何处？"庚桑楚感叹道："听闻老子已隐居在沛地。即便是像他这样的圣人，也要远离是非，隐藏自己啊。"

南荣趎道："弟子想去拜见老子。"

庚桑楚道："你去吧，老子会解答你所有的疑问。"

南荣趎打点好行装，备足了干粮。第二天就来向庚桑楚辞行。

临行前，庚桑楚特意把老子的年龄、身材和相貌详细向他描述了一番。南荣趎牢记于心，然后独自前往。

南荣趎一路风餐露宿，整整走了七天七夜才抵达沛地。

这天，老子在家中静坐两个时辰之后，见天气很好，就在屋侧的竹林里砍了一根拇指粗细的竹子，做成钓竿，然后带上鱼饵，来到二里外的湖边垂钓。

湖面上微波荡漾，成群的水鸟在湖中嬉戏，间或突然飞起，盘旋于上空。老子在岸边挑了一处有石头的地方，坐了下来。他手执钓竿，全神贯注地盯着露出水面的一截钓线，只等鱼儿上钩。

一个在田间劳作的农夫告诉南荣趎，只要找到这个湖，离老子住的地方就很近了。找到湖之后，他看见岸边的一棵柳树下坐着一个垂钓的老者，不由得喜出望外。

南荣趎走到老者跟前，毕恭毕敬地行礼问询："老人家，请问老子住在何处？"

老者抬起头看了南荣趎一眼："先生找老子有何事啊？"

南荣趎见这老者须发眉毛皆白，虽穿一袭粗布衣，衣服上还缀有补丁，却容光焕发，神定气闲，心想此人肯定也是一位高人，说不定他正好认识老子。

他看见岸边的一棵柳树下坐着一个垂钓的老者，不由得喜
出望外。

南荣趎躬身答道："在下想向老子当面求教。"

南荣趎话音刚落，水里的钓线忽然动了起来。老者不慌不忙地提起钓竿，一条两指宽白晃晃的鲢鱼被钓了上来。南荣趎眼睁睁看着老子取下鱼，然后又将鱼放回水中，感到甚是奇怪。心想，这天底下哪有人把鱼钓上来又放回去的？

老者见南荣趎呆立在一旁，笑呵呵地问道："先生从何而来？"

南荣趎道："在下从楚国的畏垒山而来。"老者又呵呵笑道："先生看看老夫，像不像你要找的老子？"南荣趎看了看，直摇头："不像。""哪里不像？"老者问道。"除了耳朵像以外，哪里都不像。"南荣趎想到临来前庚桑楚对老子的描述，通过一番对比后老老实实答道。

老者听了哈哈大笑："庚桑楚见到老夫的时候，老夫还年轻。"

一听老者脱口就能说出自己老师的名号，南荣趎这才确信眼前之人乃老子无疑，慌忙拜倒在地："先生，是弟子眼拙，请受南荣趎一拜！"

老子俯身将南荣趎扶起。一阵轻风吹来，不远处，几只水鸟正拍打着双翅贴着湖面飞过，着水处，水花四溅，激起一圈圈波纹，经久不散。

大道自然

　　树影轻摇,和煦的日光透过密密匝匝的枝叶投射在地面上,斑斑点点。老子将南荣趎带进了院里。

　　老子道:"你此番前来,可不止一个人啊。"南荣趎闻言吓了一跳,忙回头张望,不远处,老子喂养的一头青牛正在低头吃草。除此之外,身后再无他人。他一时不明白老子话中的意思,只好问道:"先生何出此言?"

　　老子道:"你来时,我见到的第一个你心神不定,第二个你犹疑不决,第三个你患得患失,第四个你诚惶诚恐,第五个你不知所措。难道这还不够多吗?"

南荣趎听老子这样一解释，不禁羞愧难当：
"弟子竟浅陋至此，惭愧。"

老子道："观其形，察其心。世事如此纷扰，
为人最难得的是不迷失自己的真情和本性，此时的
你，瞻前顾后，心无定见。想随波逐流，又担心失
去自我。想找回自我，却又不知从何着手。故迫切
想找寻正确的方法。"

南荣趎大为钦服，道："弟子此番前来，正要
请先生指点迷津。"

老子道："不急，你先在这里住上一段时
间吧。"

南荣趎住下后，老子仍然跟平常一样，我行我
素，好像自己家里并没有这样一位客人的存在。只
是在用膳的时候，相互打个招呼。每次当南荣趎正
欲开口发问的时候，老子的神情又让他觉得时机不
对，总是话到嘴边又咽了回去。

他开始在一旁学着老子的样子。老子静坐的时
候，他也静坐。老子去地里劳作的时候，他也跟着
在一旁劳作。老子不作声，他就保持沉默。老子在
白天望着天空发呆，他则在夜晚望着星空发呆。老

子一个人在屋前的小路上转悠，他就一个人去到屋后的林子里转悠。

到了第五天，南荣趎实在是忍不住了："先生，弟子已在此叨扰多日，还请先生早日赐教。"老子看了他一眼，捋了捋自己白得发亮的胡须："不急。再多留几日。"南荣趎只好又回到自己住的那间客房，一个人要么在房间里踱来踱去，要么傻傻地盯着墙壁上斑驳无序的凹痕，一盯就是大半天。他只知道自己的身体在房间里，心却不知道要放在哪里，乱得很。

南荣趎好不容易捱到了第九天。老子见南荣趎的脸色不好，精神也萎靡不振，终于开口说道："这几日我看你虽然有所反省，却仍然受困于外物，以致内心不能获得真正的安宁。故而你的言行难免急促，欲求速达。即便是道德高尚之人，若不能摆脱外物的困扰，亦会感到束手束脚，更何况是你呢？"

南荣趎马上问："弟子要如何做，才能不受困于外物？"

老子道："相对于大道而言，你将大道视同外物，大道自然也会将你视同外物。你虽一心寻求大道，却浑然不知自己正在大道之中，又怎能不深受其困？"

南荣趎一拍脑门："先生所言甚是。能说出自己病情的人，尚能医治。像我这样对自身的病情一无所知之人，最为可怕。还请先生医我！"

老子道："你的病不在其身，而在其心。天地之所以长久，是因其从来不为自己考虑，无所欲求，故能长生。正因如此，有见识的人就会去效仿它，摒除掉所有的私心杂念，与天地相融，合而为一，故能明了上天赋予的使命，而得以成就自己。"

南荣趎又问："先生，如何才能让自身与天地合而为一？"

老子道："保持心情愉悦，让呼吸变得通畅平和，才能养护好自己的身体，而免受病痛的折磨，使身体能跟上精神的节奏，就算是身体受损，也应像被摧折的草木一样，从不丧失蓬勃向上的意志。真正信奉天道的人，不用占卜就能预知吉凶，无须刻意去效仿别人就能让自身趋于完善。"

南荣趑道："先生所言，也正是弟子所愿。""你知道为什么婴儿啼哭不止，喉咙却不会嘶哑？"南荣趑摇头。"因为婴儿的啼哭与自然达成了和谐。"

南荣趑想了想，觉得老子说的话的确很有道理。

老子又问："婴儿为什么将小手抓成拳头而不轻易松开？"

见南荣趑又摇头，老子道："并不是因为婴儿感到紧张或者害怕，而是出于一种天然的本能。"南荣趑听得张大着嘴巴，像是在迫切地等着他继续往下说。老子又道："婴儿一旦睁开双眼，就不会轻易眨动。因为他们的内心不会受到外物的影响。当他们学会行走的时候，也没有自己确定要去的地方，平时也不会去思考做一件事情的意义。他们只是看到什么就是什么，率性而动，任意而为。"南荣趑道："难道先生也希望我活得像婴儿一样吗？"

老子答道："当然不是。老夫只是想告诉你倘若一个人活着，视外物和声名为累赘，不从众，不工于心计，不参与争端，能摆脱凡俗事务的缠绕，无拘无束地走，随心所欲地来，合乎天道和自然，就不会像你现在这样心神不宁。"

南荣趎道："弟子在畏垒山也常听恩师传授先生的大道之学，皆因弟子心有旁骛而未能有更深的领悟。先生今日所言，弟子已牢记于心。"

老子抚着垂到胸前的长须呵呵笑道："年轻人，你可以回去了！"

南荣趎虽心有不舍，但也只得听从老子的话。

第二天清早，南荣趎向老子辞行。老子牵着青牛一直将他送到湖边垂钓的地方。

南荣趎想到来时看见老子钓鱼时的情形，心里突然一动，不禁问道："先生，弟子尚有一事不明，还望先生教我。"

见老子点头，南荣趎问道："刚来的那天，弟子见先生将钓上来的鱼又放入水中，弟子一直没想明白，这是为何？"

老子好像猜到他会有此一问，答道："我有心钓之，却无心将所钓之鱼据为己有。这湖中之鱼虽有心觅食，亦无心成为他人的盘中之物。故将所钓之鱼放还，无非是顺应自然而已。为人处世，唯顺应自然，方可守住本心，从而领悟大道。"

　　至此，南荣趎终于幡然醒悟，也彻底被老子的为人和学问所折服："先生乃真圣人也。"

　　他话音刚落，老子牵着的那头青牛突然仰起脖子叫了一声，像是在肯定他刚才所说的话。

　　南荣趎满心欢喜，向老子拜别。

再授孔子

孔丘任中都宰时已经五十一岁。他治理中都（今属山东济宁）不到一年时间，已然是政绩斐然，被尊为大贤，人人尊称他为孔子。

孔子早已听闻老子在沛地隐居，而中都与沛地相距又不是太远，特携弟子前往，拜会老子。

时隔二十年后，两位圣人再一次聚首。正好这天是商容先生的忌日。老子事先并不知晓孔子会来，他和弟子阳子居正备好马车和祭品准备出门。

见到孔子师徒，老子非常高兴。

孔子得知老子是去祭拜恩师，表示愿意跟随老子一同前往。于是孔子当即吩咐弟子调换马车，将自己乘坐的那辆让给阳子居，由他在前面引路，他则和老子共乘，以便沿途讨教。

一行人一路向北，与孔子来时的方向一致，只是道路不同。马车先是在湖边七拐八拐，然后在山林中颠簸，待上了大道，才慢慢平稳下来。

老子问道："仲尼因何而来？"孔子答道："丘虽精思勤习十数载，始终未入大道之门，故特来向先生求教。"老子道："若想进入大道，先得将自己的心游移至最初的状态。天、地、人、物，日、月、山、河，其形态和性质皆有所不同。它们的相同之处在于皆顺应自然而或生或灭，皆随着自然而或行或止。人知晓其不同，都是通过观察其外表来进行判断，而知晓其相同，就得了解它们的本真。舍弃其不同去观察其相同之处，才可以将自己的本心游移到物体最初状态。"

孔子问："先生，请问何为物体最初的状态？"

老子道："物体最初的状态，混沌一体，无形，无性。"

孔子又问："知道其相同，又有什么能让人感到愉悦的呢？"

老子答道："知道其相同，人就会找到和万物的相同之处，看似不同的东西也会相同。如将人的生死视同昼夜，祸与福同，吉与凶同，无贵无贱，无荣无辱，我行我素，清静自在，这难道不让人感到愉悦吗？"

孔子深深地点了点头："乘船可漂浮于海上，乘车可行驶于陆地。进则同进，止则同止，何须以自己本身的力气去代替船和车？君子并非其本性不同，只是比他人更善于借助于物。"

老子微笑道："圣人处世，遇到事情不刻意躲避，事情发生转变，也不刻意去维护其原貌，而是随着物的变化，顺势而为。"

两人正说着，马车又开始颠簸起来。车轮在下面不时发出沙沙的响声，有时甚至有刺耳的撞击声。越往前，速度越慢，颠簸得也愈是厉害。

孔子从车窗往外看了一眼，只见前方峭壁耸立，原来马车已驶离大道，此时走的是一条满是沙土和碎石的山路。

老子道："前面是玄牝（pìn）门，再过去一点就是谷神山。此路车马难行。"

两人遂下车步行，让车夫牵着马车慢慢跟在后面。孔子顺着老子用手指着的方向望去，只见前方不远处，众峰分立两旁，如同敞开了一扇大门。再往前，一山独大，像是要堵住门口，又像是在等候来者通过这扇门。

孔子觉得这地名取得甚是玄妙，出于好奇，问道："先生可知此处的地名当作何解？"

老子边走边答道："生养天地万物的道，也就是谷神，是永恒长存的，这叫作玄牝，是玄妙的母性。玄牝之门，就是天地的根本。"

孔子道："依先生之意，这生养天地万物的法门，才可称之为大道？"

老子点头道："仲尼所言正是。"见孔子像是在沉思什么，老子又接着前面的话题侃侃而谈："大道之深沉就如同大海，大道之高大就像此处的高山，大道遍布环宇而无处不在，周流不息而无物不至，刻意去寻求反而不可得。大道生育天地而不衰败，滋养万物而不匮乏。天得之而高，地得之则厚，日月得之而能够运行，四时得之便有了秩序，万物得之就有了形状。"

孔子听得认真，也听得痴迷，老子的话像是具有一种魔力，让此时的孔子感觉自己一会儿像鸟一样在空中飞翔，一会儿像鱼一样在海底潜游，一会儿又感觉到自己的身体好像跟眼前的山林已融为一体，仿佛自己已胸藏万物，而万物又皆成了自己，以致物我两忘，心旷神怡，就连脚下的步子也变得轻快了许多。

不知不觉，老子一行已行走数里。过了玄牝门和谷神山，眼前豁然开朗，一条大道直通远方。老子和孔子等又重新上车。

"驾！"两人刚坐稳，只听见最前面那辆车的车夫一声大喝，然后将马鞭在空中一甩，鞭子重重地抽在马背上。马车立刻加速，后面的马车也紧跟其后，像是要将刚才耽搁的时间给追回来似的，顿时车轮滚滚，尘土飞扬。

商容先生的墓地离黄河很近。众人抵达时，能隐约听到沉闷的涛声。阳子居在商容的墓前摆放好祭品。老子则将墓上尘土和滋生的杂草清除干净。待众人在商容先生的墓前祭拜完后，太阳已经偏西。

老子和孔子来到黄河岸边，并肩伫立。河风猛烈，两人如同石雕，任衣袂狂舞，身子却岿然不动。放眼望去，视野极为开阔。前方群山苍茫，云蒸霞蔚，气象万千。足下则浊浪滔天，浩浩汤汤，其势犹如万马千军，奔腾不息。水流汹涌处，其响声恍若雷鸣，不绝于耳。

孔子不觉叹道："逝者如斯夫，不舍昼夜。时间就如同这黄河之水一样，流逝不止。河水不知何处去，人生也不知何处归啊。"

闻孔子此语，老子道："人与天地实为一体。一个人的一生有幼、少、壮、老之变化，犹如天地有春、夏、秋、冬之交替。人生于自然，也死于自然，若任其自然，则本性不乱。仲尼又何必神伤呢？"

"丘闻先生所言，自叹弗如。先生何以修炼至此？"孔子问。

老子答道："顺应自然之人，是有德行之人，随势而顺应自然之人，则是得道之人。全在于天地造化啊。生死、是非、贵贱、荣辱，皆是人为的价值观，瞬间有可能又被人所颠覆。知此大道，则顺应变动而不纠结，管它天摇地动，皆可以面不改

老子和孔子来到黄河岸边，并肩伫立。

色，处之泰然。"

孔子向老子深深一揖，道："先生所言之大道，真乃无边无际。丘要向先生求教之处还有很多！"

老子也郑重还礼，说道："恩师在世时曾赠我一言：大道在前，当身心俱行。今谨以此言与仲尼共勉。"

此时西天的晚霞如同从火炉中喷涌而出的铁水，有镶着金边的彤红，悬垂于远山之巅，格外引人注目。

孔子拜别老子回到鲁国后，老子的话语还在他脑海中盘旋、回响。

函谷著书

此时天下分崩，连年战乱，礼义俱亡，老子心怀苍生，却知大势如此，于是想要出函谷关，从此隐姓埋名。

这一年正值仲夏时节。老子独自骑一头青牛，向函谷关而来。

这时节，按说四野应是一片欣欣向荣的景象。老子一路行来却看到一片荒凉。沿途既看不到荷锄忙碌的农夫，也看不到成群结队的牛羊。目之所及，到处是战争带来的断壁残垣。道路两边的田地里，杂草和高粱在飞扬的尘土里交缠。乱石缝里，偶尔可见散落的豆籽和稻种所拱出的嫩茎，它们似乎在拼尽全力，只为彰显土地应有的生机。

老子前往的函谷关，西据高原，东临绝涧，南接秦岭，北塞黄河。谷底道路蜿蜒相通，崎岖而幽深，人在其中行走，如入函中。关道两侧，则绝壁陡峭，峰岩林立。关口夹于两山之间，地势异常险峻，易守难攻，是当时由秦入周的一处咽喉要塞。函谷关的关令尹喜善观星象，喜读古籍，有深厚的学养，对老子的大道学说更是神往已久。这天，尹喜像往常一样，一早登上函谷关的关城察看。忽见东方紫云聚集，形如飞龙，由东向西滚滚而来。此天象一出，尹喜立即意识到是有圣人来此。

尹喜忙除去戎装，沐浴更衣，不带一兵一卒，亲自沿着山道去迎接。

老子似乎并不急着赶路，他骑坐在青牛上，微敛双目，一路慢慢悠悠。看样子，老子虽骑行于山道之间，其神思却已邈远。直到晌午时分，尹喜才看到一名骑牛老者在山道的拐角处出现。只见牛背上的老者白发如雪，其眉拂鬓，双耳垂肩，素袍红颜，认定这位老者就是他期盼已久的圣人老子。

不等老子从牛背上下来，尹喜赶紧趋步上前，跪拜在老子跟前，道："函谷关关令尹喜，有幸拜

老子似乎并不急着赶路，他骑坐在青牛上，微敛双目，一路慢慢悠悠。

见圣人！今特来迎圣人入关。"

老子见叩拜之人气度不凡，笑道："老夫并非什么圣人，关令大人行此非常之礼，老夫实不敢当。"

尹喜再拜道："尹某守候先生多日，请先生不弃，留宿关舍，以求大道。"

老子道："关令如何认得老夫？"尹喜答道："尹某不才，任大夫一职时，就早慕先生圣名，只可惜先生已离朝隐居数年，故一直无缘当面向先生讨教。今见紫气东来，知定有圣人西行。紫气翻滚宛若游龙，知来者至圣至尊；紫气之顶白云缭绕，知圣人白发盈首；紫气有青牛星相伴，知圣人定骑青牛而至。此圣人，除了老子，还能有谁？"老子听罢，拈须微笑，心想，此人虽为关令，却轻衣简从，不惜远迎，足见其用心之诚。再加上此人性定神稳，才思敏捷，必是可造之才。遂从牛背翻身下来，随其入关。

尹喜大喜过望，忙引老子至关舍，奉为上宾。为留住老子，尹喜灵机一动，故意激他道："先生乃当今圣人，先生之大道，乃天下人之大道，先生不应将平生所学据为己有，应该拿出来让天下人共同受益才是。"老子明知这是激将法，也不点破，只觉得尹喜所说也不无道理，就答应他留了下来。在老子看来，函谷关虽地处偏远，远不如洛邑无名峰前的景色那般秀丽，却也自有其坚毅之态和壮美之姿，一如他此时的心境：淡泊，笃定，而又坚如磐石。

老子留下来后，一连几日，尹喜都紧随其左右，几乎形影不离。在他的再三恳求下，老子答应收其为弟子，与之彻夜长谈，悉心传授。

一日，尹喜陪老子漫步于山中，两人一路边走边谈。山道上灌木丛生，随处可见细碎摇曳的野菊花，这些花朵或黄或紫或白，星星点点，缀于杂草和矮树之间，它们自顾自怜，自开自灭。老子心里一动，不禁叹道："这世间的芸芸苍生莫不如是啊。"说罢，仰起头，指着天上奔走不息的云，问道："你可知道它们都去了哪里？"

尹喜心想，莫不是老子又萌生了出关之念？于是尹喜谨慎回答道："弟子不知。"

老子道："为师此刻心如浮云，待明日出关

后，亦不知将去往何处。"

尹喜闻言心里一慌，他哪里舍得老子就此离去，左思右想，又是灵机一动道："依先生之行踪，确如那浮云无异，若干年后只怕谁都不会知晓先生会身在何处，隐居于何地。到那时，想求得大道之学的人，定然也不知在哪里才能找到先生。大道犹如甘霖，世人皆求之若渴，先生何不在此就将这大道之学写下来。尹某虽然浅陋，愿代先生将此学传于后世，以流芳千古，造福万代。"

尹喜之言，果然一下触动了老子的心弦。

此时的老子，亦感到自己穷尽心力所寻求的大道学说已臻成熟和完善，是到了该将它写下来的时候。于是，老子答应多留几日，就在尹喜专门为他提供的关舍里，闭门著书。

此时老子提笔，竟如有神助，以往所经历的种种，无不如在眼前，以往说过的理、论过的道，也言犹在耳。笔墨之所至，文思如同泉涌，无不酣畅淋漓。

数日后，老子以王朝的兴衰成败为镜，以百姓的安危祸福为鉴，再结合自己平时的所思所想所悟，追其根，溯其源，著上、下两篇，洋洋洒洒共五千言。

上篇起首为"道可道，非常道；名可名，非常名；无名，天地之始；有名，天地之母"，故后人称之为《道经》。下篇起首为"上德不德，是以有德；下德不失德，是以无德"，故称之为《德经》。《道经》言宇宙之本根，含天地造化之玄机，蕴阴阳变幻之微妙；《德经》言为人处世之良方，含人事进退之要术，蕴长生久视之天道。上篇和下篇合称为《道德经》。

老子出关那日，函谷关前，山色澄明，祥云高悬。

老子亲手将写就的书简赠予尹喜。尹喜跪伏在地，高举双手，郑重接过几卷书简，一时情难自抑，泪流满面。在万般不舍之下，师生就此道别。

山风如旗，衣袍猎猎。唯有巍巍函谷，悄然将这一刻铭记于谷之底、山之巅。

老子

生平简表

●◎周灵王元年（前571）

——————————————————————————

老子约于此时生于陈国苦县厉乡曲仁里。

●◎周灵王二十一年（前551）

——————————————————————————

老子入周王室任守藏室史。孔子出生。

●◎周景王十年（前535）

——————————————————————————

老子因受权贵排挤，被甘简公免去守藏室史之职，出游鲁国。在鲁国巷党主持友人葬礼，孔子助葬。

● ◎周景王十五年（前530）

老子被甘平公召回洛邑，仍任王室守藏室史。

● ◎周敬王四年（前516）

周王室发生内乱，王子朝率兵攻下刘公之邑，周敬王受迫。当时晋国强盛，出兵救援周敬王。王子朝势孤，与旧僚携周王室典籍逃亡楚国。老子被罢免守藏室史一职，回故里居住。

● ◎周敬王十九年（前501）

时年孔子五十一岁，南至沛地向老子问学。

● ◎周敬王三十五年（前485）

老子去函谷关入秦，途中为关令尹喜挽留，撰写《道德经》五千言。

　　注：老子生平的准确年表实难考证，我们综合多种史料记载及研究成果，取其中较为可信的主流观点，略定此表，仅供参考。